JN437805

사춘思春

책만드는집 시인선093

사춘思春

•
서상만 시집

책만드는집

| 시인의 말 |

별이 더 가까이 보인다
너무 멀리 와버렸나

시간아 미안하다

詩에 빠져
너를 값없이 써버렸다

2017년 봄
서상만

| 차례 |

1부 눈물이 妙藥

2부　푸른 印鑑

3부 고요까지 모셔 와

4부 사춘

1부

눈물이 妙藥

물 주기

화초에 물을 너무 많이 주어 더러 뿌리를 썩히는 일도 있지만 실은 물을 까다롭게 받아먹거나 물을 염치없이 받아먹는 것도 저마다 살아남기 위한 요량일지 몰라도 세상은 꼭 그걸 가타부타 나무랄 수 없어 참 경이롭지

때론 비상 같은 물도 별 탈 없이 받아먹고 점잖게 화분 위에 올라앉아 지가 무슨 족보 있는 꽃인 양 거드름 피우는 걸 보면 가관이지만

끈 짧은 입방아로 부처 행세 하는 웃지 못할 작태도 늘 좋아라! 그 옆에 딱딱 장단 맞춰주는 어중간한 고수鼓手가 있어 세상은 그런대로 또 살 만하단 말이야

푸념의 詩

시인이랍시고
시를 산 채로 무두질하고
때론 죽은 시를 살린다고
밤을 지새우고
마음에 들면 내걸고 자랑하고
아니면 쓰레기통으로 처박고
선잠 머리맡에, 아침저녁 밥상머리에도
티끌처럼 따라다니는 피딱지
자나 깨나 우짖는
시에 미친

아니다, 그게 아니다
손 안 댄 내 근심의 처음 것,
둔탁하고 꺼끌꺼끌하여 수없이 버린 시
시인이 시가 아니라는 미상의 시
밤마다 좌등에 불 밝혀 어둠을 깨운
내 시의 원형이

고치고 벼른 시와 무엇이 얼마나 다른가
무게도 없는 것을 무겁다고 믿는
나는 시의 청맹과니

추분 秋分

이제는 갈 곳이 없어–

해는 黃道를 지나고
밤이 길어 우는 가을
먼 바다 고래 울음소리보다
더 파란 달이 뜨는
이 밤은
외딴섬 맥반놀이처럼 서럽다

수수수 바람은 일어
남한강묘원의 잔디도
망자의 무릎에 엎드려
띳집을 짓나니
먼저 떠난 사람 마음
차마 어떠했을꼬,

먼 산엔 벌써 눈발 치는 듯

늦귀로 듣는 풀벌레 소리
오만 날라리 상판들이
적선이나 놓고 가듯
곡절도 없는 극치의 떼울음
떼울음을 울고 있으니

남천南天

안국동 초당집 가는 길
두서너 뼘 양지 담벼락에
더 이상
불평할 것 없어 뵈는
남천나무 한 그루 보았다

삼동 난 봄까지 겨우
염주 몇 줄 걸쳤는데

낮새가 남쪽 하늘에 대고
그 처지를 탁본하고 있다

지나가는 사람들,
번뇌 다 받아 자셨는지
붉은 열매 눈이
꽤 해박해 보인다

밤낮 눈 안 붙이시는
조계사 부처님 안광처럼

눈물이 妙藥

글쎄, 살아오면서

조금은 말에 이스트를 뿌려 뻥을 치던
그 乞神도
사십까진 정신없이 버티더니
오십 들어 입이 둔해지고
육십에 반벙어리 되고
칠십 고개 넘어서는
눈만 껌뻑대는 묵언첨지가 되었다

입담도 더러 자신을 팔아먹을
캄캄한 장화 속 발품 같아서
사람들은 말에 말을 씹고 버무리며
얼마나 많은 무안을 용서해왔을까

눈감는 날은
목에 걸린 마음도 녹아버린다는

생의 백기 앞에서
독 품은 말은 투명한 유리 속에 잠자고

나는 아직
세상을 영혼의 힘으로 살지 못했다
입을 봉하니
눈물밖엔 삶을 이겨낼 묘약이 없다

불임의 새

산다는 길에 생무덤을 파고
수심 깊은 출세 따윈 잊은 지 오래

이제는 예수도 부처도 안 믿지만
천국 얘기에는 그래도 귀가 솔깃해

개뿐도 없는 시인이라서
가치 따윈 없어진 지 오래
탈래탈래 시 몇 줄이 좋아서
끼리끼리 목청 깨다 오는 저녁

찾아갈 나무도 둥지도 없어
눈 어두운 신에게 길을 묻는다

그래, 벌써 사는 일이 식상해졌다
스치는 사람마다 표정도 없고
번다스런 옷매무새도 그냥 그렇고

가나 보다 오나 보다 낯선 길에서
부르거나 쫓는 이 없는 새가 되었다

죽은 것과 산 것이
돌고 돌아 다시 여기 오기까지
귀 찔린 내 고전은 닳고 닳아,
이런 날은
고요히 유서 같은 속울음만 운다

석류

하고픈 말, 입 가득 앙다물고
담 너머 가을볕에 애타던
석류여

이제는 영롱한 말의 알갱이
송알송알 쏟아낼 것 같은데
아직은 때가 아니라며
촘촘히 밀실에 가두었던

어느 날 월계동 난전
해진 보자기에
속 터져 우는 석류알 소리

차마 입에 담아둘 수 없는
시린 알알, 말 못 한 고백은
어느
청상靑孀의 아픔이었을까

비둘기와 노인

부산 성지곡 유원지 입구에는 작은 쉼터가 있습니다 주변 나뭇가지에는 비둘기들이 꾸욱꾸욱 진을 치고 그 아래 벤치에는 노인들이 날마다 골골한 얘기꽃을 피웁니다 가끔 노인들이 쪼갠 용돈으로 강냉이 튀밥을 바닥에 던져주면 이 나무 저 나무에서 비둘기들이 기다렸다는 듯 우르르 내려와 허겁지겁 배를 채웁니다 무료급식 시간을 기다리는 노인들, 그들 그룹 사이에도 수치심이 강해 눈치만 살피는 참새 따위는 아예 축에 안 넣어주는 누가 뭐래도 여기는 공복끼리 몸 비비는 희망 광장입니다

눈뜬 봄

반석 위에 떨고 있는 겨울 햇살,

아직 마른 가랑잎은 성에꽃을 물었지만
관목의 속마음을 들여다보니

소슬한 가지
물오르는 소리에 벌써 근질근질
푸른 젖니가 돋는다

간간이
먼– 산비둘기, 누가 온단 기별이다

날개

억울한 날, 고개를 들 때마다
하늘은 저 멀리 있었다

비록 작은 심장이지만
새들은 하늘을 찾아내지 않았는가

평생 날아보지 못한 생애
어느 날 홀연,
제 영혼을 떠메고 천국에 가듯

그렇게라도 한번 날아보았으면
이 답답한 허망 놓아버리고

봄밤

어스름에 든 빈 의자 하나
나처럼 잔소리가 많아졌다

오늘 밤은 나와 같이
별밤지기나 되든지

하얀 목련꽃 기다리며
들릴까 말까 한
비비새* 울음이나 듣자

한기寒氣 실린 여울물 소리
일찍 핀 꽃잎 하나 품고
어디론가 흘러가는 봄밤

* 붉은머리오목눈이.

잔별

타작마당 도리깨 너머
갈까마귀 떼 서풍에 지고
남은 노을은
폐가의 수숫발 끝에 매달려
질까 말까 망설이고 있네

중천엔 대중없이 뜬
창백한 낮달

마당 개는 컹컹 달 보고 짖고
입술 얇은 작부처럼
부용은 사르르 숨 고르는데

어쩌랴
한 사흘 뒤 달 지면 나도
짝 없는 희미한 잔별인 것을

만발滿發

늙은 대추처럼 쪼글쪼글
얼굴에 흑화 만발이다
가끔 백발이 눈을 가릴 때
어디로 그만 떠나고 싶어선지
간신히 고개 드는 관음이여

“나 아직 이렇게 살아 있네”
흐흠 흐흠 헛기침 두 마디로
일파만파
생의 말씀 이미 구층탑이다

이른 새벽시장, 소쿠리 엎어놓듯
웅크린 등이 살아 있는 봉분이다
터진 양말 새로 삐죽이 내민
누런 발가락이 먼저 저문다

세상에서 가장 멀리 온 노숙,

언제든 떠날 수 있는 정류장에

구순 노파가 앉아 있다

백면서생白面書生

내일은 단비가 오시려나
청개구리 울음 大空을 두드리고

밤새 詩랍시고 휘적거린 몇 줄,
절창커녕 목청만 후들기니
누구는 간절해도
시는 늘 비정한 묵밭이다

제 눈알 파먹은 돌부처마냥
바람세월 다 보내도록
눈물만 팔아먹던 백면서생이여
그대 시의 함수는 어디에 파묻었나
아직도 낡은 수납장엔
밥도 안 되는 고독한 허세의
빈말만 가득

먼 길

법고 소리 번지는 절골
고목 삭정이에
새 한 마리 가부좌로 앉아
운판, 목어 소리까지 삼키고 있다

새 머리가
노승의 갓 깎은 머리같이 희끄무레하다

북풍 속에 먼 길을 탁발해온
누비옷의 화엄이다

내 아직 저만도 못한 허방살이 같아
히죽히죽 공적空寂을 깨물며
돌아서는 길,

잠시 내려다본
절 마당 돌확의 만다라화曼陀羅華 한 송이
물 위에 비친 내 얼굴을 감춰주네

오륙도

저 바위섬 그냥 보지 마라
갈매기 떼, 창천 차오를 때
그 너설 어디쯤 발 돋워
숨 고르던 자리

만조의 차가운 달 질 때
돌섬이 대여섯
누웠다 일어서고
일어섰다 드러눕고

이래 보면 다섯 섬
저래 보면 여섯 섬
동해로 동동 떠내려가는
의뭉스런 섬

가끔 사람이 보고플 땐
동백꽃 파도에 실려
배다른 형제처럼 슬며시,

월광곡月光曲

나는 누구의 덤으로 살고 있나
슬픈 곡절에 무릎이 휘는데

가을 눈썹 꿰어 허리에 차면
해 저물어
달은 대추나무에 걸려 울고

달빛조차 무거워
어깨가 기울던 길

백비白碑 하나 남기고 간 사람은
또 어디에서 우는지

춘몽春夢

지평선 수평선을 직선이라 해서 가보면 내 눈엔 늘 곡선이다 지난밤 꿈에 말을 타고 어느 과수댁에 맞선을 보러 가는 길, 곧바로 내려가면 그 마을이라 해 언덕에 올라보니 직선 길은 없고 꼬불꼬불 돌고 도는 꼬부랑길이라 꿈에서도 아, 내가 이 나이에 이런 짓거릴! 혀를 차다가 그 소리에 놀라 눈을 떴다 반쯤 읽다 머리탁자에 올려놓은 노자老子 왈 "봄도 아닌 주제에 직선을!" 내 꼴이 하도 같잖았는지 잠을 깨운 것이다

습작

한 줄에 골몰한다
그 줄에 혼을 불러 밑줄 긋고

밑줄에 걸린 헛말 몇 마디 털어내니
후루룩
그 바람에 다 날아가 버렸다

주워 볼 구절 하나 없이
그날이 맨 그날인 밑줄만 남았다

새여, 아소灣에 쉬었다 가라

—쓰시마, 에보시다케 전망대에서

바람 센 날 새여
아소만 정류장에 쉬었다 가라
길 잃고 우는 바람 껴안거나
잠시 날개를 접고
너무 오래 서성이지는 마라

낯선 풀잎, 속삭이는 갈대
귀鬼벌레 울음들이 너를 유혹해도
거기는 침탈의 군함 몰래 숨겼던
무모한 자들이 가꾼 섬이란다

아직도 태연히
神의 땅인 양 나부껴도
죽은 사람은 다 바람이 되었지만
속아본 사람은 안다

바다 건너 하늘 너머 새여, 멀리 가라

나도, 술 한 잔에 낯이 뜨거워
차가운 바다, 석양 물에 비칠대는
한 점 섬이 되어 떠나리니

2부

푸른 印鑑

숙과熟果

익은 사상에 빛깔과 향기가 너무 강하면 사람들은 손가락질부터 먼저 한다 혹은 박수이다 능욕이다 그다음은 잦은 돌팔매질 자칫 곤장감이다 그럼, 덜 익고 철 지난 노래는 누가 불러줄까 차라리 무당버섯처럼 미치다가 스스로 폭양에 쥐 불알로 말라서 까마귀밥이라도 되면 몰라도, 그 와중에 참견하는 고양이 하품은 초현실적이다 그 속내는 흠모가 아니라 그 입에 가득 고인 침 때문이다

푸른 인감印鑑

언젠가 헤매던 서역 삼만 리
砂風에 사라진 내 발자국
찾아 간다 내 발톱 찾아 간다

날마다 모래알로 울며
허공에 불러댈 내 이름—

모래 살에 박힌 내 울음소리

그럴 거야
발 묶여 깊이 묻힌다는 건
차디찬 결빙이 있었을 것
푸른 인감 같은
숨죽인 눈물이 가득 고인
내 심장이 거기 있었을 것

삶도 고비 고비

단내 나는 고비사막
굽은 낙타 등에 실려
모래 속에 두고 온
내 발톱 찾아 간다
만 리 길 멀어도 나는 간다

길 잃고 헤매는 모래바람과
그 속에 엉기는 소소초들과

파랗게 멍든
내 발톱 내 심장을 찾아
휘잉휘잉 바람이 되어

나무 옷걸이

아이들 오면
통째 내주는 서재 한구석
늦은 귀가를 받아 걸던 나무 옷걸이가
헐렁한 내 남루를 움켜쥐고 서 있다

동거동숙하며
고랑 파인 나이며 상흔들
짐짓 곤두박질치고 있는 내 근력도
삽삽이 알고 있단 눈친데

내 눈엔
저도 뻐드러진 골骨피리 소리로
삐걱대는 몰골 말이 아니다

일몰에게

너를 문초하려면
공범인 어둠을 불러야 한다

눈 가리고 귀 가려
허울뿐인 만상을
삽삽이 볕에 말려 죽인 죄

마음 놓지 마라,
방심하는 사이 볕은 저물고
하늘마저 늙어

저 노을 될 날 멀지 않았다

파랑새

사람과 사람 사이에는 늘,
울고 다니는
한 마리 파랑새가 있다

추억의 나라로 꿈을 사러 간
청포 장수와
일찍 죽은 아내와
북창에 걸어둔 마법 상자와
노랗게 떨어지는 녹두꽃 사이
암녹색 가운을 입고
혼자 울고 있는 파랑새

새야 새야, 파랑새야

빈방에 홀로 앉아
오늘은 청포 장수로 울다가
내일은 녹두꽃으로 피어서

다음 그다음은 나도
그대 찾아갈 파랑새 되리

옥상

햇살 따사로운 날
북창에 갇힌 모난 하늘이
너무 빤하고 따분해서다
옥상에 올라 윗도릴 벗고
축축한 마음 바람에 내건다
옹심이 열두 늑골도 빼내
가지런히 난간에 펴서
하늘저울에 단다
가만히 허공만평 바라보면
천상의 새 떼 와글와글
내 비린 날것, 삶의 피딱지
말끔히 쪼아 먹고 간다
여기는 곧 죽어도 좋은
이승의 천당이다

족쇄

훌륭한 아비이고 싶었다
새끼들에게는

혹, 총을 갈겨서라도
훌륭한 아비이고 싶었다
새끼들에게는

혹, 담장을 넘더라도
훌륭한 아비이고 싶었다
새끼들에게는

죄지으면 벌 받는 걸
다 알면서도
새끼들에게만은

갈증

모르그*의 꽃처럼
꽃잎 하나 겨우 남기고
어느 날 끝장날, 내 생生도
그러고 보니 말짱 헛것이었다

외도한 자의 주책처럼
어중간한 수사로 애걸하지 말고
차라리 멀리 사라져버릴까
천일야화 훔치다
멋쩍게 도망치는 불청객처럼
나를 웃기는 나의 묘법은
소멸에 대한 분노이다

풍문에 부침하다, 사정없이
유출되는 나를 제물로 바치며

* 19세기 파리에 있던 시체 전시장.

만추

이른 아침
참매미 소리 한목에 야단법석
저녁 창가엔
풀벌레 소리 두레상을 펼치고
대추는 열 받아 얼굴 붉히고
성큼 다가온 밤별에
시제만큼 갈 길을 묻느라
왁자지껄
귀뚜리는 돗자리를 깔아놓고
곡哭하듯 징징 짠다
다시는 이곳에 못 올 기라고
저무는 것들 너나없이
왕소금 시다 짜다 편 가르듯
별별 본색 다 들추며
생피 흘린다

홍련암紅蓮庵 해당화*

홍련紅蓮은 진흙 속 화엄이지만
해당화는 바람이 흔들어야 하고
파도처럼 나부껴야 하리

철썩 처얼썩-
동해 바다 파도보살들이 들락날락

홍련암 부처님이 법문하시네

"만물의 불성이 다 같을 수 없지
해당海棠은 타락하지 않으려고
제 몸에 바늘을 꽂았네"

* 해당화 줄기에는 무수한 바늘(가시)이 꽂혀 있다.

가면

볼 장 다 본 막장
가면 쓴
그만 살아남았다

제아무리 날고뛰어도
맨얼굴은 위험하다

흑백 미명 아래
숨겨둔 표정들은

천 개의 가면이
그의 얼굴이다

돋보기

처음은 왜소한 잔가지였다
어느 날 갑자기 몸통이 불어
작은 바람에도 울음이 늘었다
뿌리는 어디로 숨어버리고
난만한 잎은 서서히 그늘을 만들어
둥지는 비바람 눈보라가 쳐도
넉살 좋게 버티기에
무슨 음모라도 꾸미나 싶어
가만히 들여다보니, 그새
거짓말처럼 커버린 옹두리에
물집 같은 노안이
누런 일몰로 괄약되어 있었다
절정엔 수식 따윈 필요 없었다

토정土亭 선생을 만나러

되는 것 없고 안 되는 것 없이 한 해가 또 소롯이 넘어갔다 작년에도 그 작년에도 어찌어찌 살다 보니 토정 선생을 만나 뵙지 못했다 다 된 세월에, 새삼 선생을 만나 뭣하겠냐만 젊은 날, 바람 몹시 불어 파도에 떠밀릴 때 선생 말씀이 큰 힘이 되었다는 감사의 안부나 전하고 머잖아 곧 선생 댁 가까이 이사 가면 턱없는 연하年下의 백면서생이지만 날 망년우忘年友로 받아주면 어떠실까 해서

하류에서

내 몸은 밤 내내 습지만큼 여려
썰물처럼 줄줄 바다를 떠난다

누구 하나 뒤돌아보지 않고
억겁의 바람 따라
앞서거니 뒤서거니
무주공해로 출렁이며 간다

비늘 진 노을 알갱이만
물 자락에 아프게 무늬로 남아
미처 길 떠나지 못한
저녁 새의 마지막 울음소릴
붙들어 매었구나

물살에 떠밀려 온 하얀 조약돌,
두고 온 제 섬을 찾아
밤새 귓속말로 주고받은 잔파도를

따라나서네

달 뜨면, 바닷길도 하얘지는 날

11월

달 차면 뭔가, 잘은 몰라도

계절은 맥박이 느려지고
생목生木들은 영혼이 혼미한지
갈바람에도 잎의 피가 마르네

희부연 산안개 속 헤매며
평생 벅수처럼 살아온 나 역시
저무는 조락의 배경이네

백제금동대향로

연꽃에 앉아
비파를 타고
피리를 불고
현금을 켜고
소를 켜고
북을 치던
오악사五樂士는 어디로 갔나

봉황의 날개로
비천하는 용틀임으로
구름 갈기 세워
천년을 건너뛴
저 도도한
황홀,

소음 타령

너는 교통 하나 편하다고
전철역 근처에 사느냐고 딴지를 걸었다

밤낮 차 소리 떨거덕거리고 낮에는 트럭 행상
확성기 소리 듣기 싫어 죽겠다고 했다

집으로 걸려 온 전화에도
"지금 시장 나왔니" 하는 소리에 열 받는다고 했다

이른 아침 시간 자동차 경적 빵빵 울리는 사람
얄미워 죽겠다고
하루 서너 시간밖에 못 잔다고
그것도 한잔 걸치고 술김에 잔다고

아파트 창으로 길이란 길은 다 보여
야경이 불꽃놀이 같아 혼란하다고 했다

여름 매미가 고층 아파트까지 기어 올라온다고
졸음이 잔뜩 낀 목소리로 말했다

혈기血氣

명절에 자식들 모이면
티격태격 으르렁대다가도
한바탕 폭소를 터트리다
헤어지던 버릇을,

아내가 죽으면서
그 객기 무간지옥으로
다 가져갔는지
요즘은 아이들 입이
무거워졌다

제 어머니 죽음에
혈기를 놓아버렸나

늙은 부모 속을 들어 올렸다
놨다 하던 그날들이
새삼 그리워진다
귀먹은 낮달이 되니

물 한 컵 앞에서

새벽,
수도꼭지 틀어 찬물 한 컵 받는다

문득
목말라 죽어가는 목숨들 까맣게 잊고
한량없이 마셔온 물,
오늘따라 공손히
두 손으로 받아도 염치가 없다

내 누굴 위해, 손톱만큼이라도
눈물 같은 눈물 흘려
사랑 한번 옳게 베푼 적 있는지

숙연히 찬물 한 컵 또 받는다

3부

고요까지 모셔 와

키

나도 한때
작은 고추가 맵고 위대하다 했다
작은 것은 자꾸자꾸 키가 크니까
희망이 있으니까, 그러면서
나는 밤마다 키를 아꼈다
저승에 가선
훌쩍 큰 대목大木으로 살려고

키가 작아
이 좋은 세상 넘보지 못했다

흰 수염 길게 늘어뜨린, 저
조선시대 사랑채 영감탱이답게
집지고 걸쭉하게 생겨야
으흠, 대물大物 소리 듣고 살 텐데

나 평생 타고난 훈장처럼
앉은뱅이 밥도둑으로만 살았으니

몽매간夢寐間

오늘 밤은 또 누구에게
젖을 물리려나
차르르 저녁 물 드는 소리

갯바위 틈새마다,
눈물 찔찔 짜던 참게들
요리조리 몸 숨기지만

새벽 물때 따라
그 눈물 다 지워지리니

설움에 울고 젖는 건
단지 사람만이 아닐 터

밤바다 별무리에 섞이면
세상사 다 꿈같아서

풍선처럼 살다 가면

혹, 제 무게에 못 견뎌
애태우다
죽는 행운은 없을까

나는 숨죽인 풍선
바람이 반란하면
소리 없이 사라질 뿐

숨어 사는 폐족처럼
누군가의 자조 섞인
삶을 서주하면서

가장 구석진 곳에서
값싼 비방에 고무된
탕진을 찬양하면서

어둠에게

어둠은
길목에 덫을 놓고 기다린다

어둠의 몸에 찍힌 생의 바코드
그 유효기간은 어디까진지

언제 어느 날,
나를 세상 밖으로 방출할지

어둠이여,
이제 그만 그 방구석에 차린
마짓밥* 내려놓아라

곧 누가, 내 머리에
불귀의 면류관을 씌워준다니

* 摩旨, 부처에게 올리는 밥.

그믐달만 자갈밭에

분월포
청화백자 하늘에서
학처럼 달이 내려
몸 씻던 곳

나이 들어 가보니
그 하늘 없고
그 학도 없고
그믐달만 자갈밭에
쪼그려 앉아 있네

머구리 물질하듯

죽을 맛으로
소리로 울고 몸으로 흐느끼고
저만 알게 휘적거린
약방문 같은 시 한 편
메밀밭 머리 늦잠자리처럼 한 번도
높푸른 하늘 날아보지 못해
눈동자만 뱅글뱅글 돈다
말, 말, 말의 고갱이를 물고

동해 철뢰 둘러선 물머구리
풍덩 돌무덤 사이로 물질하듯
돌고래와 꽁치 떼들과 줄 서서
세상 밖으로 훠훠 날자꾸나

저 푸른 항로가
정말 詩의 길이라면
사약인들 어떠랴

벼락 맞을 뇌관 하나 매달고
영영 돌아올 생각 말고

저물 무렵 2

어느 날이, 유랑의
끝자린지 모르고
빈 수레 굴러간다
등이 휜
늙은 노새 앞세우고

더는 갈 수 없는
천 리 길
소리만 요란한
빈 수레,
날마다 저문 하루

사금파리

출가를 기다리는 난장에
목을 빼고 앉았다가
덜컥 깨져버린 항아리여

불가마에 사른 지고한 정신
다 빠져나갔나 싶더니
깨진 급소의 모난 정수리,
예각이 나를 꾹 찌른다

아직은 잠들 수 없건만
니더리 짐짓 파도 소리 같은
금이 갔다니 – 어쩌랴

깨어진 두 生 다시 뉘어
눈물에 반짝일 아픔
한 조각씩 나눠 가진다면

빈 강

겨울밤 멀리 새벽달 이울고
살얼음 낀 강나루
거룻배 한 척 붙박여 있다

봄은 짐짓 왔나 본데
안개 속 산막으로 건너간
늙은 뱃사공은 소식이 없다

오는 바람 못 막아도
가는 바람 막을까

눈 녹은 강기슭 진달래 피면
물빛 또한
꽃 반, 물 반 흠씬 젖어
만삭으로 농칠 텐데

적소寂所로 갈 한 목숨,

맹목의 삶은 어디까진지

세상은 아무래도 꿈만 같다

그믐에 부치다

해마다 연말
무작정 우체통에 밀어 넣는
일 년 치 봉함엽서

한 해를 그럭저럭 잘 살았다는 건지
못 살았다는 건지
내년은 꼭 잘 살아보겠다는 건지

기러기 가고
해 떨어진 밤,

마음에 걸렸던 한 오라기 후회
남루한 약속들, 몽땅 꺼내
탈탈 털어 부친다

하여가何如歌

한여름 대장간,
담금질에 시달리며
풀무 젓는 대장장이도
펄펄 끓는 화덕 속의 시우쇠도
견디기는 매한가지

때로 차가운 두레우물
천 길 물속으로 아득히 갈앉는
구멍 나고 줄 끊어진
두레박도 두레꾼도
까무러치기는 매한가지

귀 접은 눌부처로 누워도
오지랖에 떨어지는 빗방울 소린
쇠북 소리보다 더 붉다

창호문 때리는 벌 한 마리
광활한 우주가 눈앞인데

별 낚시

광활한 우주에
주낙을 던지면
어떤 별이 걸려들까

허공에 사닥다리 걸쳐놓고
오래오래 찌만 엿보는
내 시선에

물수제비 날듯
생살로 박히는 대어大魚,
긴 별똥별 하나

두 소리

겨울 강바닥 잔자갈 위로
들릴 듯 말 듯
졸졸졸
결 고운 속삭임

거기 훗날
해동돼 큰물 지면

이녁, 목소리
콸콸콸
성근 왕자갈 소리로
투덜댈까 두렵네

청사포青沙浦

메꽃 피는 초여름,
청사포 물에 앉아
잔술 달아 홀짝홀짝
날품팔이 되다가

수심도 모른 채
푸른 바다 보고
살았다
푸른 모래 보고
살았다

포효하며 달려드는
파도 맨살에
백 년 원수 같은
푸른 멍이 들었다

이사

자꾸만 돌아본다
창밖은 담금질하는 대장간도 없는데
밤낮 뚝딱거리는 먹먹한 쇳소리
어김없이 들고 나는
덜커덩덜커덩 지축 울리던 전철 소음도
자꾸만 돌아보고
죽고 싶도록 가슴 미어지던 날,
창틀에 앉아 멀리 사패산 바라보며
안개 걷어내듯 마음 갈앉히던 곳
자꾸만 돌아본다
오래 못 본 가솔들
명절날, 우르르 모여 앉던 그 곰팡이 핀 마루 장판도
자꾸만 돌아본다
삼동 눈보라 분분할 때
내 살 곳이 꼭 여기뿐인가 주억거리다
더 머물 생각 진작 내다 버렸지만
그곳에 묻은 정 한 자락
자꾸만 돌아봐진다

고요까지 모셔 와

바람도 없는 수면 위로
물방개와 소금쟁이
길을 내면

물무늬 자르르
하늘 봉창 두드리며

구름 유곽에 留하신
고요까지 모셔 온다

잠긴 산그늘이
숙면에 들 때까지

못물에 드리운
여윈 水楊의 吹奏는
늘 설레지만,

철심 소리

밤낮을 들볶는 저 철심 소리
달팽이관에 나눠 실어도 여름은 과적이다

누구도 봐주지 않는 이 목우인木偶人의 환장을
올해도 그냥저냥 넘어가야 하리
아침 해도 저 까칠하게 풀어놓는 철사 타래를
만만하게 도로 감지 못하리

밤은 늘 별밭을 밟고 가듯, 누가
감긴 내 삶을 줄줄 풀어준다면
떠나기 전, 저 매미처럼 맑게
소공후小箜篌*라도 한번 켜고 갈 수 있으리

* 13현의 작은 공후. 공명통에 나무 대를 가로 꽂아 거기에 가는 철사를 매었다.

훔칠 것들

가을볕 좇던 잠자리
메밀꽃밭으로 날아간다
나와 잠자리 사이엔
허공 아니라도 훔칠 것이 많다
노래하는 새들, 무등 타는 바람,
지구의 미동을 받쳐줄
나무들, 꽃들, 돌들
바람 좇는 염소 울음도 다
한 가족이다
등 대고 사는 애기 돌도
또글또글 눈 닦아
훔치고 싶은

山門 너머 고요

가만히 눈 감고 만져보면
가만히 눈 감고 들어보면

풀숲 적시는 이슬 한 방울
영혼을 핥는 바람 한 줄기
나뭇잎 흔드는 떨림 한순간
그 속에 젖는
풀벌레 울음까지

동안거 아니래도 적막강산

가만히 눈 감고 만져보면
가만히 눈 감고 들어보면

나를 그네 태우는 것은

새벽꿈은 해몽이 어렵다
날마다 미망의 작은 창틈으로
나 어린 햇살이 소리 없이
제 발로 총총 스며들듯

그 누가, 나를 허방에서
건져내 주는지 두렵다

신명神命이 시계추처럼
고통과 환희를 오가며
나를 그네 태우는 것은,
필시 죽을 날을 조율함이니

겁낼 것 없다, 삶이란
싱싱한 여름 배추
노란 시래기 되어
겨울 저녁상에 오르듯

평생, 이루지 못한 내 꿈이
미궁이 될지 풍문이 될지
다시 꿈속에 들 때다
내일은 또 누가 날 깨워줄지

4부

사춘思春

사춘思春

그늘에 깔아놓은 동백꽃 이불

가끔 먹구름 먹먹히 내다보고
갈바람 겯게 치근대도
꽃 진 이부자리마다
獄門을 타 넘는 은밀한 숨소리

세상 그 어디에도 없는
수면제를 안 친 문장이다

조금 전 막차에서 뛰어내린
귀때기 새파란 울음도 멎어

자서自敍

누군가 활을 당긴다

화살이 번개처럼
과녁을 향해 날아가는
순간,

산이 먼저 울고
바람이 따라 울고
어쩌면 닿지 못할
사무여한死無餘恨이여

활을 놓는 궁사의 어깨가
바르르 떨린다

오래된 돌

모래 이끼 다 털고 닳아
사방 굴러다니다 보면
어느 세월쯤
귀도 입도 생기리

세월에 그늘을 치며
비비람에 몸 구멍을 내더니
중얼중얼 내 말 알아들었을까
언젠가 저도 덤불 너머
세상 구경 할 거라고?

나와 면식面識 오십 년,
돌도 나도 물끄러미 늙었다

수라修羅의 집

집 안에 두런대는 침묵의 소리들
어떤 것은 눈 뜨고
어떤 것은 눈 감고
누구의 호명을 기다린다
먹은 것 다 토해내는 티브이
시도 때도 없이 울리는 전화기
물 달라는 화분들
캄캄하면 발광하는 전구
불면을 외면하는 괘종시계
잔소리가 많아진 낡은 나무 의자
안구를 파먹고 있는 책들
빠작빠작 집이 몰래 삭는 소리
국화석은 물 뿌려달라 부황 들고
딸딸 끓는 주전자까지
널브러져 나뒹구는 모든 것들의
눈과 귀가,
누굴 위해 도사리고, 웅크리고

자빠져서, 누워서, 엎드려서
우두커니 건들거리며 두리번거리며
끙끙거리며 뒤척이며
짠 행주처럼 헤헤 웃으며 기다린다
어떤 것은 입 다물고 노려본다
환청의 제전에 진설되어 있는
저 모든 것들의 영혼이
—새가 되려는지

아지랑이

아질아질 아편 먹은 봄기운
들판 위에 휘적거린 초서 같다
논 갈아엎는 쟁기며
풀밭 매는 호미도
그 신필神筆이 끌어주고

발정하는 청매 등걸
눈살 비빈 꽃술에도
누가 볼까 봐
은근슬쩍 입 맞추는 금빛 아지랑이

말리는 시누이도 없고
소금 뿌리는 서방도 없는
날 좋은 하루해 금방 질세라

빠작빠작
열 받는 양은냄비 둘러메고

천길만길 해놓는
길 바쁜 방물장수 같아서라

북어

자네, 북청에서 왔나
눈 비 바람 이겨내도
방망이에 골탕 먹어
몸도 꿈도 납작하게
요약되었구나
오, 너 잘 만났다
사자놀이 원수 갚듯
막걸리 한 사발에
네 옆구리 쭉 찢어
안주하라 내놓으면
내 삶도 뭐라 딱히
등급 없어 우물쭈물
크윽-
너 대신 울어주리

돌, 그리고 이슬

오래전 그 돌은
불덩어리였지만,
긴 시간 공룡의 잔등을 타고
배고픈 멧돼지와 주작朱雀의
울부짖음을 들으며
아득한 골짜기 골짜기로
몸 식히며 내려왔다

속계를 내다보는
저 주상절리

때로는 인간의 기도에
해법을 주면서도
무애无涯까지 가르친다

돌에 돌 던지지 마라
그 돌 앞에 우리는
금세 지는 이슬일 뿐이다

빈 차를 타고

이 생각 저 생각, 뜬구름 물리다가
우레 맞은 것처럼, 쿵-
차창에 머리를 박는다
수유리에서 170번 버스를 갈아타고
신촌 세브란스 가는 길
버스는 고민 없이 가볍게
시가지를 애무하듯 빠져나간다
졸다 말다, 너무 조용해
좌석을 돌아보니 나 혼자다
봄은 와도
북악터널은 왠지 허전하고 춥다
운전사가 흘끔, 백미러로 나를 봐도
굳이 내 행선지를 묻지 않는다
아무튼 우리는 우리대로, 가야 할
끝을 위해 가고 있다
창틈으로, 끼어드는 봄바람에
무거운 삶의 덮개를 훌쩍 내던지며

적멸에도 길은 있다

어느 날, 지평선 너머로
구애의 화살 하나 날렸으나

오랫동안 소식 뜸해
아 그 길은 수억 광년도 더 걸리는
먼 길이다 싶어
그만저만 잊어버렸는데

얼마 후 그 화살 도로 날아와
내 가슴에 꽂혔다

적멸로 알았던 허허로운 하늘에도
영혼은 푸르게 살아 있었다

마음의 길이여
그대, 스스로 내 안에 있다면
이 세상 누구에게 화살을 겨누리

부추 한 단

이제 우린 저녁답 저잣거리
좌판 소쿠리에 남아 시든
부추 찌꺼기, 안 팔리면
조갯국에나 끓여 먹을 비애다

한번 밀리니 영영
변두리 남루가 돼버린 날
작별 인사도 못 나누고 떠난
친구의 부고 날아오면
하루 종일 말문이 닫힌다

오늘은 또, 용케 버티는
수색 친구 전화를 받았다
"야, 그래도 용타" 했더니
답답하면 청계천 헌책방이나
기웃거린다며
짧은 대꾸에 목이 메었다

일 나간 늙은 아내 기다리며
캄캄한 지하 방에서

독법讀法

바이털 사인이 하나하나
生을 지우며 임종을 닦는 순간,
카미유의 창백한 최후를 놓치지 않으려고
모네는 붓을 들었지만
나는 정작 그 번드레한 기어奇語 하나
대필하지 못해 그만 돌이 되었네

아내의 관자놀이에
죽음의 그림자가 드리울 때
나는 생전 아내를 많이 속인 후회로
우렁이 껍질처럼 무용해져
멍하니 그냥 바라볼 뿐
아내를 따라 별이 되지 못했네

그 옛날 우리의 첫 만남처럼
먼 길을 그냥 말없이 보내야 했네

그대 어디쯤 갔을까, 뒤나 한번 돌아보지
따라가기에도 숨이 찰 것 같은
벌써 백억 광년 먼 우주 밖인가

비자림

어느 음료회사의 책임자로 감귤 사러 제주도에 갔을 때, 비 그친 새벽 서귀포에서 비자림으로 혼자 차를 몰았다

비자림 옆 우람한 산굼부리를 힐끗 한번 쳐다보았는데, 짙은 안개 띠가 둥근 테를 메우고, 그 위에 딱 벌린 아가리, 분화구의 장대한 오름이 내 목덜미를 확 잡아당겼다

제주 바다 서늘한 은갈치 비린내보담 더 진하고 시퍼런 오랏줄이 거기 있었다 인적도 없는 숨 막히는 새벽 적멸, 나는 한 발짝 앞도 내디딜 수가 없어 온몸에 소름을 끼얹고 황급히 도망치듯 차를 몰고 내려온 비자림 구경

"이 신성한 비경에, 웬 때 묻은 잡새가 함부로 들락거려!"

산신의 노함인가 나의 소심한 외경 때문인가 불경인가

나는 팔백 년 비자나무와 대면도 못 하고 아득바득 세상으로 다시 쫓겨나 버렸다

허탈한 몸뚱어리에 오분자기 찌개로 아침 배를 채울 때 생각났다 그래, 뒤에서 누군가 자글자글 날 나무라던 그 소리, 여기 식사 자리까지 비자림 새 떼 우르르 몰려와 연유를 캐묻듯 나를 들볶았다

降雪의 힘

기어이 미완을 거부하며
우리들 상처 깊숙이 송곳을 찔러대는

저 차가운 지성

떠도는 영생들의 간절함인가
그대들은 지상의 모든 생각을 적시고
그 젖은 생각 위에
또 냉정을 못 박고 있으니

방황하는 시인 옆에서
한없는 맨몸 투하를 자진하고 있는

눈은 눈이 아니라
차라리 결빙을 해독한 눈물이리
사람들이 이 흰 눈물에 젖으면
강철 직성도 사붓이 풀리는

뜨거운 피血리

온몸을 떨며 창망히 날리다가
어느 샛길쯤 휙 여우 꼬리처럼
날렵한 바람의 칼이 됨을
용납하시라는 교활한 힘이여

다리 밑 세상 어디
두더지 같은 천복은 없는 것인가
아직도 나는 눈물을 훔치는 떠돌이별
푸른 밤, 벙어리 새들의 냉기처럼
오만의 가죽옷을 벗지 못했으니
서랍에 가둔 내 詩가 날개를 달고
무량 준마가 되어도
지금은 내 누구를 사랑할 수 없음이여

늙은 시간을 말리며

캄캄한 키메리아* 젖은 풀의
고요를 밟으며
낡은 코트 깊숙이 야윈 모가지를 묻고
철 지난 산조 한 가락 읊으며
한쪽 귀로는
서늘한 銀錚 소리를 들으며
어느 항성의 고독한 표류자가 되어
더 영롱하게 몰락하고 싶다, 눈이여

* 랭보의 「굶주림」에 나오는 암흑세계. 태양은 죽고 안개로 뒤덮인 세계의 서쪽.

이기는 법

일요일은 웃음이 면회 오는 날

그날은 그날은

마루도 쓸고 책장 먼지도 탈탈 털고

너절한 옷가지도 가지런히 치우고

가슴에 꽂힌 우울 싹 씻어 내리고

내 손너 내 손녀

보드라운 볼에 쪽쪽 입 맞춰주는

고 짧은 희열에 또 한 주를 견디네

물텀벙

嘉林이* 보고 싶어 제물포 가는 길
노을은 황화산 끝자락
도래솔 뒤로 숨고
짭조름한 바닷바람 간간이
싱거운 내 입술 은근슬쩍 감치는데

가림은 소주 한잔 들자고
용현동 물텀벙집으로 날 이끌었네

서해 입 큰 아귀 텀벙,
쩔쩔 끓는 양은냄비 속에 뛰어들어
시원한 국물을 우려내는 사이
주거니 받거니 몇 순배 걸치니
우리도 낙낙해진 아귀餓鬼처럼,
금방 술텀벙이 되었네

비 오는 귀갓길도 건드렁

갈지자로
물웅덩일 밟고 오는 물텀벙 길이었네

* 시인 이가림. 2015년 7월 14일 영면에 들다.

한 평 무덤

–톨스토이 무덤에서

한 뼘 표석 하나 곡비처럼 옆에 두고

두 뼘 墓峰에 푸른 수염 날리며
자카스 숲 속에 혼곤히 잠든
레프 니콜라예비치 톨스토이

그대 위명에도 絶糧이 있었던가
한 평 무덤에 구름 한 점 안 보태도
그대 영혼 기어이 부활했으니

육체는 신에게 내주고
정신만 이생에 치레로 챙겼네

아듀, 영원하라 야스나야 폴랴나여

木月

-목월 탄생 100주기에

어느 시인들의
신간 시집 주시며

"서 군, 늦었지만
이렇게 시집으로 등단하면 어떨지"

1969년 12월 9일
옥수수차 권하며
원효로 서재에 뜬
형님 같은 큰 달

靑馬 추억

선생님 지금, 어디 계세요

1961년 경주 용숙 편에 주신 추천 글부터
1966년 대구 향촌동 골목 중국집에서
자장면을 함께 드시고 헤어졌던 날까지

　飄然히 낡은 손가방 하나 들고
　停車場 雜沓 속에 나타나 얹쓸린다
　누구에게도 잘 있게! 말 한마디 남기지 않고*

검은 안경테 너머
大詩人의 마지막 이별은
잔잔한 미소뿐이었으니, 그날이
저와는 마지막 부산행 열차가 되었습니다
선생님 가시고, 한동안 詩를 버렸습니다만
선생님과 그 雜沓의 인연이 남았는지

"서 군!
시인은 결국 시인이고 말 테니, 서둘지 말게"
제게 남긴 선생님의 말씀대로
다시, 고독한 詩業의 길로 돌아왔습니다

머잖아 저승에서 다시 뵈올 때까지, 선생님
편히 쉬소서

* 3연은 청마의 시 「이별」 1연에서 가져왔다.

봄 물갈

–김춘수 詩全을 읽고

생전 대여大餘를 못 뵌 것이
두고두고 목에 걸린다
통영 앞바다, 수곽에 노니는
겨울 에게 해 물새 소리로
그 맨발로 바다를 밟고 가셨으니
분명 선생은 바닷새가 되셨을 게다

오늘 처용단장處容斷章의 절창
'메아리'를 읽으면서
여순 감옥의 단재丹齋의 눈물과
옥사한 박열과 금자문자와
동공 없는 개 같은 자들의
세다가야署 감방의 새소리를 들었다
그뿐이랴
릴케와 도스토옙스키와
열두 살 보들레르와
김종삼의 귀뚜리 울음을

언롱言弄 같은 문전작라門前雀羅도 보았다

당신의 詩가 섭씨 39도에도
옷깃을 여민다고 스스로 자찬한
그대, 통영 아니 퇴영 앞바다
물새로 살며
높새가 불면 당홍연唐紅鳶도 날리리

미당 詩

–미당 탄생 100주년에

흥얼대는 능청쯤이야
그의 시는 막걸리에 대취하여
갈지자걸음 걸어도 넘어지지 않는다
말言 도적도 불러 앉혀 술 멕이고
약삭빠른 장꾼들 불알 정도는
놀놀하게 구워버리는,
그 양하蘘荷나물 입맛에 올린 술안주처럼
그리 쓰지도 많이 달지도 않은
아스라한 향기 같은 詩
허접스런 말도 용하게 생생한 시어로 살려낸
보물단지라고
죽은 박재삼도 산 정현종도 말했다
거기 무슨 말을 내가 새삼 보태리

어느 날 막걸리 사 들고
남현동 빈집,
잠긴 대문 앞에서 절하고 음복하고 돌아설 때

'서정주'란 하얀 문패가
저 멀리 일탈했던 별처럼 보여서,*

"오늘 새벽에도 별은 또 거기서 逸脫했다. 일탈했다가는 또 내려와 관류하고, 관류하다간 또 거기 가서 일탈한다.

腸을 또 꿰매야겠다."**

* 그 후 남현동 고택은 개축되어 '봉산산방'으로 운영되고 있다.
** 마지막 연은 미당 시 「韓國星史略」의 끝부분 2행에서 가져왔다.

| 해설 |

고전적 상상력을 길어 올리는 서정의 품과 격

유성호 문학평론가 · 한양대 국문과 교수

1. "시간아 미안하다, 詩에 빠져"

서정시는 일정한 상황 아래서 빚어지는 인간의 감각이나 정서, 가치판단을 비교적 짧은 언어로 담아내는 예술 양식이다. 또한 그것은 인간의 감각이나 정서를 표현하되, 통일적이고 유기적인 구조를 지닌 운율적 언어로 형상화한 문학 갈래를 말한다. 일정한 서사적 흐름을 가지는 '이야기'보다는, 순간적 '정서' 표현에 의존하는 서정시의 이러한 특성은 널리 공인되고 있다. 따라서 우리는 좋은 서정시를 읽음으로써 정서적 위안을 얻기도 하고, 인지적 충격을 받기도 하며, 감각적 즐거움을 경험하기도 한다. 그런데 이때 서정시에 나타난 감각이나 정서는 비교적 가치 있고 숭고한 방향으로, 그리고 조화와 균형을 이루는 방향으로 조직되어 있는 경우가 많다. 서상만의 신작시집 『사춘思春』은 좋은 서정시가 지니고 있는 이러한 속성, 이를테면 가치 있고 숭고한 감각과 정서에서 발원하여 소리와 뜻의 조화와 균형을 성취한 뜻깊은 실례로 다가온다.

서상만의 이번 시집은 얼추 셈해보면 시인의 등단으로부터 40년 가까이 흘러온 시간에 걸쳐 경험하고 기억해온 어떤 실감을 펼쳐놓은 언어적 성취이다. 시인은 시집 첫머리에 "별이 더 가까이 보인다 / 너무 멀리 와버렸나 // 시간아 미안하다 // 詩에 빠져 / 너를 값없이 써버렸다"(「시인의 말」)라고 썼거니와, 이러한 시간의 아득한 흐름과 '詩'를 향한 몰입의 과정은 자연인으로서의 그의 생애를 떠받쳐 준 호환할 수 없는 존재 방식이었다고 할 수 있을 것이다. 아닌 게 아니라 이번 시집은 시간의 빠른 속도 때문에 우리가 망각했던 삶의 본령이나 궁극적 의미를 일깨워 주는 목소리로 가득하다. 그가 노래하는 덕목들, 예컨대 낱낱 사물들이 품고 있는 내적 비의秘義에 대한 산뜻한 관조, 그것을 자신의 정신적 자세에 비유하는 윤리적 염결성廉潔性, 현재적 삶과 과거의 기억을 결합하면서 끌어 올리는 시적 형상 등은 그의 시가 이루어가는 커다란 물줄기이자 상상력의 수원水

源이라 할 수 있을 것이다. 따라서 우리는 가장 견고한 고전적 상상력에서 길어 올리는 서상만 시인의 언어와 생각을 따라가면서, 그가 우리에게 들려주려는 고백과 기억, 고요한 풍경을 통해 비유적으로 보여주는 삶의 태도에 대해 미더운 관찰을 하게 되는 것이다. 이제 그 세계 안으로 들어가 보자.

2. '시간' 탐구를 통한 서정시의 길

'시간'이란 누구에게나 공평하게 주어진 객관적이고 물리적인 것으로 여겨지기 쉽지만, 사실 그것은 주체의 경험과 기억 안에서 지속되는 어떤 흐름으로만 경험되는 심리적이고 주관적인 실체이다. 따라서 모든 사람은 자신만의 '시간'을 가지고 있으며, 그것은 주체가 처해 있는 역사적·실존적 상황에 따라 끊임없이 현재화된다. 서상만 시인에게 '시간'이란, 몸속에 수많은 흔적들을 새겨가는 어떤 파문과도 같다. 그래서 그의 시간은 과거를 미화하는 원리나 미래를 밝게 앞당기는 원리로 나아가지 않고, 오직 자신의 현존을 구성하는 아득한 지층地層으로 나타난다. 그만큼 서상만 시인은 자신이 처해 있는 현재적 조건에 육체를 입히는 형식으로 시간을 형상화함으로써, 개인적 기억으로서의 나르시스적 퇴행regression을 넘어, 보편적 실존형에 대한 지극한 형상화로 나아가고 있는 것이다. 그 가장 처연한 현재형이 한편으로는 '멀고' 한편으로는 '비어 있는' 형상으로 감각화되고 있다.

법고 소리 번지는 절골
고목 삭정이에
새 한 마리 가부좌로 앉아
운판, 목어 소리까지 삼키고 있다

새 머리가
노승의 갓 깎은 머리같이 희끄무레하다

북풍 속에 먼 길을 탁발해온
누비옷의 화엄이다

내 아직 저만도 못한 허방살이 같아
히죽히죽 공적空寂을 깨물며
돌아서는 길,

잠시 내려다본
절 마당 돌확의 만다라화曼陀羅華 한 송이
물 위에 비친 내 얼굴을 감춰주네
—「먼 길」 전문

'길'은 궁극적 귀속처를 정하지 않은 사람이 과정적 실체로서의 삶을 보여주는 데 알맞은 관습적 상징이다. 반면 '집'은 지난날의 방황을 거두고 평화와 안식을 취하는 삶의 귀환처이자 생활의 거소居所로서의 상징으로 줄곧 쓰인다. 시인들은 한동안 '길' 위에서 시를 쓰다가 자신이 가장 그리워하던 '집'으로 귀환하면서 시적 생애를 완성하게 된다. 서상만 시인은 자신의 생애를 두고 '먼 길'로 비유한다. 시인은 그 '먼 길'의 감각적 형상을 "법고 소리 번지는 절골"에서 문득 만난 '새 한 마리'에서 찾는다. 노승의 희게 깎은 머리를 닮은 그 '새'는, "북풍 속에 먼 길을 탁발해온 / 누비옷의 화엄"처럼 시인으로 하여금 자신의 허방살이를 성찰하면서 "공적을 깨물며" 길을 돌아서게끔 한다. 그 '길'은 참으로 '먼' 것이었는데, 시인은 "물 위에 비친 내 얼굴"이 앞으로도 '먼 길'을 걸어가야 할 것 같은 느낌을 가진다. 이러한 실존적 사유가 가능한 것은, 비록 삶이 "세상에서 가장 멀리 온 노숙"(「만발滿發」)일지라도 적어도 시인에게 "작은 심장이지만 / 새들은 하늘을 찾아" (「날개」) 낼 것이라는 긍정의 마음이 있기 때문일 것이다.

겨울밤 멀리 새벽달 이울고
살얼음 낀 강나루
거룻배 한 척 붙박여 있다

봄은 짐짓 왔나 본데
안개 속 산막으로 건너간
늙은 뱃사공은 소식이 없다

오는 바람 못 막아도
가는 바람 막을까

눈 녹은 강기슭 진달래 피면
물빛 또한
꽃 반, 물 반 흠씬 젖어
만삭으로 농칠 텐데

적소寂所로 갈 한 목숨,
맹목의 삶은 어디까진지

세상은 아무래도 꿈만 같다
—「빈 강」 전문

이번에 시인은 자신의 삶을 '빈 강'에 비유한다. 겨울밤 새벽달 이울 때 살얼음 낀 강나루에 붙박여 있는 "거룻배 한 척"은 시인 자신의 모습을 흐릿하게 은유한다. 물론 이 배를 저어 갈 "늙은 뱃사공"은 안개 속 산막으로 건너간 후 소식이 없다. 이제 눈이 녹고 봄이 오고 진달래 피면 이 '빈 강'도 "꽃 반, 물 반 흠씬 젖어 / 만삭"의 형상을 하지 않겠는가? 그때 비로소 "적소로 갈 한 목숨"을 데리고 꿈만 같이 흘러갈 것이 아닌가? 그 맹목의 힘이 바로 '빈 강'을 가장 가파르고도 꽉 차 있는 삶으로 변모시켜가는 것이다. 가령 그 형상은 "나무도 둥지도 없어 / 눈 어두운 신에게 길을 묻는"(「불임의 새」) 모습이기도 하고, "모래 살에 박힌 내 울음소리"(「푸른 인감印鑑」)를 듣고 있는 모습이기도 할 것이다.

여기서 서상만 시인이 노래하고 있는 '먼 길/빈 강'은 모두 우리가 원형적으로 가 닿아야 할 시원始原의 상태를 암시한다. 여기서 '시원'이란, 공간적 유토피아나 시간적 유년기 등을 에둘러 지칭하지 않는다. 그것은 우리의 감각으로는 가 닿을 수 없는 어떤 신성한 것을 내장하고 있는 궁극적

본향이기도 하고, 훼손되기 이전의 정신적이고 영적인 경지를 간접화한 형상이기도 할 것이다. 그것들밖에 "삶을 이겨낼 묘약"(「눈물이 妙藥」)이 없는 것이다. 그렇게 서상만 시인은 멀고도 비어 있는 '시간' 탐구를 통해 자신이 궁극적으로 깃들일 귀환처를 상상적으로 구성하고 있다. 참으로 아름답고 처연하고 오롯하다.

3. 역사와 일상의 시간 감각

이처럼 우리 모두는 '시간'이라는 물리적 실체 속에서만 자신의 존재 형식을 형성하고 유지해갈 수 있다. 모든 생명의 생성과 소멸 과정이 시간의 개념 위에서만 가능하기 때문이다. 따라서 '초超시간성'이라는 것 역시, 현실에서는 불가능한 꿈의 잔영殘影일 뿐이다. 이렇듯 우리는 철저하게 '시간' 안쪽에서 살아가는 존재이다. 그런데, 말할 것도 없이, 우리는 객관적 시간 단위 속에서 균질적인 삶을 사는 것이 아니다. 오히려 저마다 자기만의 고유한 시간 속에서 실존을 영위해갈 뿐이다. 그래서 '시간'은 선험적이고 객관적인 실체로서 주어지는 것이 아니라, 각자의 고유한 경험과 의식 속에서 재구성되는 것이다. 이러한 시간 의식은 분절

적이고 직선적인 근대적 시간 의식에 대한 대척점에서 발원한 것인데, 서상만 시인이 가장 먼저 수행하고 있는 것 역시 이러한 시간에 대한 경험적이고 주관적인 해석과 형상화라고 할 수 있다. 그만큼 그의 시편에는 자신을 살아오게 했고 또 살아가게 할 시간의 불가항력적인 힘과 아름다움에 대한 본원적 성찰이 깊이 녹아 있다. 그 시간 형식으로 그는 '역사'와 '일상'을 함께 노래한다.

바람 센 날 새여
아소만 정류장에 쉬었다 가라
길 잃고 우는 바람 껴안거나
잠시 날개를 접고
너무 오래 서성이지는 마라

낯선 풀잎, 속삭이는 갈대
귀鬼벌레 울음들이 너를 유혹해도
거기는 침탈의 군함 몰래 숨겼던
무모한 자들이 가꾼 섬이란다

아직도 태연히
神의 땅인 양 나부껴도

죽은 사람은 다 바람이 되었지만
속아본 사람은 안다

바다 건너 하늘 너머 새여, 멀리 가라
나도, 술 한 잔에 낯이 뜨거워
차가운 바다, 석양 물에 비칠대는
한 점 섬이 되어 떠나리니
-「새여, 아소灣에 쉬었다 가라-쓰시마, 에보시다케 전망대에서」 전문

시인은 대마도 '아소灣'에 와 있다. 아소만에 몰아치는 "길 잃고 우는 바람"과 "낯선 풀잎, 속삭이는 갈대"를 바라보고 있다. 그곳은 "귀벌레 울음들"의 유혹이 가득하고, "침탈의 군함 몰래 숨겼던 / 무모한 자들이 가꾼 섬"이다. 하지만 그 섬은 "아직도 태연히 / 神의 땅인 양" 나부끼고 있을 뿐이다. 이때 시인은 자신도 "차가운 바다, 석양 물에 비칠대는 / 한 점 섬"이 되려 한다. 여기서 서상만 시인은 "죽은 사람은 다 바람이 되었지만 / 속아본 사람은 안다"라고 노래했는데, 이는 비록 대마도 아소만이 최고 절경을 품고 있기는 하지만 그 안에 우리 역사의 아픈 상처가 숨겨져 있기 때문일 것이다. 그래서 '아소만'은 "공복끼리 몸 비비는"

(「비둘기와 노인」) 역사의 '빈 강'이 되기도 하고, "한 뼘 표석 하나 곡비처럼 옆에 두고"(「한 평 무덤-톨스토이 무덤에서」) 있는 역사의 '먼 길'이 되기도 한다. 여기서도 '새' 한 마리에 자신을 의탁하고 있는 시인의 모습이 구체적으로 만져진다.

일요일은 웃음이 면회 오는 날

그날은 그날은

마루도 쓸고 책장 먼지도 탈탈 털고

너절한 옷가지도 가지런히 치우고

가슴에 꽂힌 우울 싹 씻어 내리고

내 손녀 내 손녀

보드라운 볼에 쪽쪽 입 맞춰주는

고 짧은 희열에 또 한 주를 견디네

–「이기는 법」 전문

시인은 가족들이 자신을 찾아오는 일요일 시간을 통해 '이기는 법'을 마련해간다. 그것은 일종의 기쁨이요, 견딤이요, 또 반복되는 사랑의 확인일 것이다. "웃음이 면회 오는" 그날, 시인은 마루도 쓸고 책장 먼지도 털고 옷가지도 치우고 우울도 씻어 내리고 "내 손녀"를 맞는다. 그렇게 손녀의 보드라운 볼에 입 맞춰주는 "짧은 희열"이 시인에게 세상을 '이기는 법'을 암시해준다. 이렇게 소박한 일상 속에 서상만 시학의 간단치 않은 저류底流가 흐르고 있는 것이다. 비록 시인 스스로는 "덜컥 깨져버린"(「사금파리」) 몸이고, "평생, 이루지 못한 내 꿈이 / 미궁이 될지 풍문이 될지"(「나를 그네 태우는 것은」) 알 수 없다고 했지만, 우리가 보기에 시인의 '꿈'은 이처럼 가족의 사랑 속에서 오래도록 숨 쉬고 있다.

이처럼 서정시는 기본적으로 지난 시간에 대한 기억의 현상학에 의해 쓰인다. 또한 서정시는 사물들 자체의 기억 행위의 결과이기도 하다. 생명의 순간을 포착하여 그것을 존재의 오래된 기억으로 환치하는 작법이 여기서 비롯된다. 이 또한 현실적 시간에서 벗어나 자신이 고유하게 경험하는 시간으로 귀환하려는 의지가 반영된 결과일 것이다.

따로 떨어져 있던 사물과 사물, 순간과 순간 사이에 연쇄적 연관성의 파동이 나타나는 것도 이러한 기억의 매개가 작용하기 때문일 것이다. 서상만 시학은 역사와 일상의 시간 감각을 통해 이러한 원리를 완성해간다.

4. 고요와 여백의 역설적 활력

원천적으로 서정시는 '회감回感'과 '깨달음'이라는 구조를 통해 우리가 잃어버린 것들에 대한 인지적이고 정의적인 충격을 서늘하게 선사해간다. 물론 이러한 시적 욕망이 우리 시의 존재론을 모두 설명할 수 있는 것은 아니다. 왜냐하면 우리 시대에 쓰이는 서정시는 '아이러니'에 기반을 둔 채 파격과 균열을 도모하는 데까지 미치고 있고, 심지어는 '무의미시'나 '절대시'처럼 의미론을 철저하게 지워나가려는 기획에까지도 그 영토를 넓혀왔기 때문이다. 하지만 우리가 여전히 가장 중요한 시적 경험으로서의 '회감'과 '깨달음'을 강조할 수 있는 것은 그러한 원리가 인간을 가장 근원적이고 궁극적인 관심으로 유도해갈 수 있기 때문이다. 서상만 시인이 그러한 회감을 유도하고 의지해가는 시적 현상은 '고요'이다.

바람도 없는 수면 위로
물방개와 소금쟁이
길을 내면

물무늬 자르르
하늘 봉창 두드리며

구름 유곽에 留하신
고요까지 모셔 온다

잠긴 산그늘이
숙면에 들 때까지

못물에 드리운
여윈 水楊의 吹奏는
늘 설레지만,
-「고요까지 모셔 와」 전문

가만히 눈 감고 만져보면
가만히 눈 감고 들어보면

풀숲 적시는 이슬 한 방울
영혼을 핥는 바람 한 줄기
나뭇잎 흔드는 떨림 한순간
그 속에 젖는
풀벌레 울음까지

동안거 아니래도 적막강산

가만히 눈 감고 만져보면
가만히 눈 감고 들어보면
—「山門 너머 고요」 전문

'고요'는 그 자체로 '소리 없음soundless'이 아니라, 적막으로 와글거리는 '침묵의 소리sound of silence'일 것이다. 시인은 바람도 없는 수면 위로 물방개와 소금쟁이가 조심스레 길을 내며 갈 때 물무늬가 흐르고 "구름 유곽에 留하신 / 고요"까지 모셔 온다고 상상한다. 고요가 깃들이는 것이 아니라, 고요를 모셔 왔다는 발상은 자연 사물끼리의 상호 공명共鳴을 새삼 돋보이게 한다. 그렇게 시인은 "잠긴 산그늘이 / 숙면에 들 때"를 기다리면서 "못물에 드리운 / 여윈 水楊

의 吹奏"의 고요를 설렘으로 맞아들인다. 다음으로는 '山門 너머'에 있는 고요를 노래하는데, 여기서는 고요를 눈 감고 만져보고 들어보고 있다. 그리고 '이슬/바람/풀벌레'의 떨림과 울음이 전해주는 한순간의 고요를 느껴본다. 모두 "반석 위에 떨고 있는 겨울 햇살"(「눈뜬 봄」)처럼 고요하게 다가오는 순간이 아닐 수 없다. 이처럼 서상만 시편은 까다로운 유추를 요구하는 난해성에서 멀고, 새침 떼고 의뭉 떠는 전략과 관련이 없다. 그만큼 그의 목소리는 고요한 여백을 충분히 갖추고 있다. 우리 서정시의 오랜 정서적·윤리적 지층을 묵묵히 수행하고 있는 서상만 시인의 작업은, 변모하는 시류에 따라 몸을 바꾸는 것이 아니라, 이렇게 꾸준히 자신의 세계를 심화해온 이의 고전적 상상력과 자기 성찰에서 우러나온다는 점에서 소중한 것이다.

그늘에 깔아놓은 동백꽃 이불

가끔 먹구름 먹먹히 내다보고
갈바람 걸게 치근대도
꽃 진 이부자리마다
獄門을 타 넘는 은밀한 숨소리

세상 그 어디에도 없는
수면제를 안 친 문장이다

조금 전 막차에서 뛰어내린
귀때기 새파란 울음도 멎어
—「사춘思春」 전문

시인은 봄을 생각하면서 "그늘에 깔아놓은 동백꽃 이불"이 먹구름과 갈바람을 넘어 "꽃 진 이부자리마다 / 獄門을 타 넘는 은밀한 숨소리"를 듣는다. 그야말로 "세상 그 어디에도 없는 / 수면제를 안 친 문장"이 그 안에 있는 것이다. 그 문장에는 "조금 전 막차에서 뛰어내린 / 귀때기 새파란 울음도 멎어" 있다. 거기에는 "노래하는 새들, 무등 타는 바람, / 지구의 미동을 받쳐줄 / 나무들, 꽃들, 돌들 / 바람 좇는 염소 울음도 다 / 한 가족"(「훔칠 것들」)으로 존재할 것이다. 고요하고 가멸차고 생동적인 장면이 아닐 수 없다. 그렇게 서상만 시편은 고요와 여백 속에서도 생명의 움직임을 포착하고 표현하는 역동성을 한껏 지니고 있다.

이처럼 적막하면서도 역동적이기 그지없는 풍경은, 서상만 시인의 정갈하고 심미적인 눈길을 통해 존재론적 결핍을 치유하는 상상적 매개물이 되고 있다. 우리가 여기서 눈

여겨보아야 할 것은 서상만 시학에서 가장 중요한 방법론적 전제가 바로 사물에 대한 따뜻하면서도 활달한 '묘사描寫'의 작법에 있다는 사실일 것이다. 물론 '묘사'에는 시인의 주관을 배제하는 속성이 담겨 있다. 그러나 시인의 주관에 의해 그 각도나 밀도가 정해진다는 점에서 묘사는 주관의 착색을 운명적으로 입게 된다. 그래서 시인의 주관을 가능한 한 지운 채 대상 그 자체의 생리를 재현해내는 것이 묘사인 것 같지만, 그 안에는 시인의 경험과 해석이 굴절되어 짙게 반영되어 있는 경우가 훨씬 많게 된다. 서상만 시편에서 시선의 의미가 중요한 까닭이 바로 여기에 있다. 서상만 시편이 우리의 관심을 사로잡는 것 역시 이러한 묘사의 활력이 시선의 심화를 한층 끌어올리고 있기 때문일 것이다. 고요와 여백이 그 활력에 역설적으로 기여함은 말할 것도 없다.

5. 자연 사물을 통한 존재론적 깨달음

우리는 한 편의 서정시를 통해 현실에서는 불가능한 존재 전환을 꿈꾼다. 그때 우리는 일상적이고 물리적인 현실을 벗어나 전혀 다른 곳으로 상상적 이동을 하게 된다. 그

순간 이루어지는 시적 경험은 사물에게로 원심적 확장을 했다가 다시 자신에게로 구심적 응축을 하는 과정을 밟는다. 서상만 시인은 서정시의 이러한 이중 속성, 곧 타자들로의 확산과 자신으로의 회귀를 동시에 꿈꾸어 간다. 그래서 그에게는 자기 탐구 못지않게 삶이 구비해야 하는 단호한 정신적 태도나 자세에 대해 노래한 시편이 많다. 근원적으로 말해서, 서정시의 본래적 기능은 삶에 대한 자세와 태도를 일인칭의 직접 발화를 통해 드러내는 정직성과 깊이 연루되는 것이 아닌가. 그 점에서 자연 사물을 통한 존재론적 깨달음의 영역은 서상만 시편의 중요한 고갯이가 되고도 남는다.

오래전 그 돌은
불덩어리였지만,
긴 시간 공룡의 잔등을 타고
배고픈 멧돼지와 주작朱雀의
울부짖음을 들으며
아득한 골짜기 골짜기로
몸 식히며 내려왔다

속계를 내다보는

저 주상절리

때로는 인간의 기도에
해법을 주면서도
무애无涯까지 가르친다

돌에 돌 던지지 마라
그 돌 앞에 우리는
금세 지는 이슬일 뿐이다
-「돌, 그리고 이슬」 전문

'주상절리'는 용암이 식으면서 기둥 모양으로 굳은 것을 말한다. 또한 용암의 냉각과 응고에 따라 부피가 수축하며 생겨나는 다각형 기둥 모양의 금을 말하기도 한다. 어쨌든 주상절리는 '벼랑'이나 '절벽'의 이미지를 통해 단호한 실존을 사유하는 인간의 모습을 은유하는 데 많이 원용되어왔다. 오래전 불덩어리였을 주상절리는, 오랜 시간 짐승들의 울부짖음을 들으면서 아득한 골짜기로 천천히 내려와 지금의 '벼랑'이자 '절벽'으로서의 견고한 모습을 띠게 되었을 것이다. "수심도 모른 채 / 푸른 바다 보고"(「청사포靑沙浦」) 살아온 가파른 표상으로 말이다. 이제는 몸이 식고 굳은 채로 속계를 내다보는 주상절리를 통해 시인은 "인간의 기도에 / 해법"을 암시받기도 하고, 인간 사유의 궁극적 지경일 "무애"까지 배워 가기도 한다. '无涯'란 끝이 없고 거리낌이 없다는 뜻을 함유하고 있는데, 그와 반대로 우리 인간은 "금세 지는 이슬일 뿐"이지 않은가? 여기서 '돌/이슬'이 가지는 '항구성/한시성'의 대조와 함께, 시인의 겸허한 존재론적 깨달음이 극점에 이른다.

어느 음료회사의 책임자로 감귤 사러 제주도에 갔을 때,
비 그친 새벽 서귀포에서 비자림으로 혼자 차를 몰았다

비자림 옆 우람한 산굼부리를 힐끗 한번 쳐다보았는데,
짙은 안개 띠가 둥근 테를 메우고, 그 위에 딱 벌린 아가리, 분화구의 장대한 오름이 내 목덜미를 확 잡아당겼다

제주 바다 서늘한 은갈치 비린내보담 더 진하고 시퍼런 오랏줄이 거기 있었다 인적도 없는 숨 막히는 새벽 적멸, 나는 한 발짝 앞도 내디딜 수가 없어 온몸에 소름을 끼얹고 황급히 도망치듯 차를 몰고 내려온 비자림 구경

"이 신성한 비경에, 웬 때 묻은 잡새가 함부로 들락거

려!"

산신의 노함인가 나의 소심한 외경 때문인가 불경인가

나는 팔백 년 비자나무와 대면도 못 하고 아득바득 세상으로 다시 쫓겨나 버렸다

허탈한 몸뚱어리에 오분자기 찌개로 아침 배를 채울 때 생각났다 그래, 뒤에서 누군가 자글자글 날 나무라던 그 소리, 여기 식사 자리까지 비자림 새 떼 우르르 몰려와 연유를 캐묻듯 나를 들볶았다

—「비자림」 전문

이 시편은 제주에서 시인이 직접 겪은 체험을 담고 있다. 시편 제목이기도 한 '비자림'은 비자나무 수천 그루가 자연 그대로의 모습으로 보존되어 있는 천혜의 수림 지구이다. 시인은 비 그친 새벽 서귀포에서 '비자림'을 혼자 찾아갔다. 거기서 마주 본 "비자림 옆 우람한 산굼부리"와 "분화구의 장대한 오름"이 목덜미를 확 잡아당기는 순간, 시인은 "제주 바다 서늘한 은갈치 비린내보담 더 진하고 시퍼런 오랏줄"을 느끼게 된다. 시인은 "신성한 비경"에 잘못 찾아온 "때 묻은 잡새"가 되어서도 그 "숨 막히는 새벽 적멸"의 구경究竟을 잊지 못한다. 오랜 수령樹齡의 비자나무와 대면도

못 하고 세상으로 쫓겨나 버린 시인은 그때 뒤에서 누군가 "나무라던 그 소리"를 환청처럼 듣는다. "비자림 새 떼"가 몰려와 연유를 캐묻듯 들볶는 시간이 이어지면서, 시인은 "한쪽 귀로는 / 서늘한 銀錚 소리를 들으며 / 어느 항성의 고독한 표류자가 되어 / 더 영롱하게 몰락하고 싶"(「降雪의 힘」)었던 것이다.

시인은 이처럼 자연 사물을 통한 존재론적 깨달음의 요체를 '돌'과 '숲'에서 얻고 있다. 물론 인간의 언어는 사물의 본질을 직접 지칭할 수 없다. 언어는 우리가 본질이라고 부르는 것으로 바로 다가서지 못하고, 그 주위를 힘겹게 맴돌고 서성이는 안간힘을 보여줄 뿐이다. 그 영속적 미끄러짐과 안간힘이야말로 언어가 가지는 숙명이 아닌가? 그래서 시적 언어는 대상의 외연적 의미를 직접적으로 '적시摘示'하지 않고 대상의 내포적 의미를 간접적으로 '암시暗示'함으로써 사물의 본질에 접근하고자 하는 불가피한 운명을 지닌다. 서상만 시인 역시 존재론적 깨달음의 과정을 구체적인 자연 사물을 통한 은은하고도 역동적인 '암시'로 수행한 셈이다.

6. 시인으로서의 강렬한 자의식

다음으로 우리가 눈여겨볼 서상만 시학의 음역音域은, 시인으로서 가지는 강렬한 자의식에 있다. 그 '자의식'이란 스스로 시인의 직임職任을 예민하게 의식하는 일종의 '원체험'에서 파생하는 것인데, 이때 원체험은 시간의 물리적 흐름을 역류하는 역동성을 지니게 된다. 멕시코의 시인 파스 O. Paz는 이를 두고, 가장 원형적인 체험의 시간이 시적 시간을 구성한다고 밝힌 바 있다. 그래서 그 원체험은 인간의 자기동일성에 지속적인 영향을 끼치며 시인의 기억을 다채롭게 변형해가게 마련이다. 말하자면 '시인 서상만'을 스스로 노래하는 것이 매우 중요한 서상만 시학의 목소리인 셈이다. 다음 은유는 어떠한가?

한 줄에 골몰한다
그 줄에 혼을 불러 밑줄 긋고

밑줄에 걸린 헛말 몇 마디 털어내니
후루룩
그 바람에 다 날아가 버렸다

주워 볼 구절 하나 없이
그날이 맨 그날인 밑줄만 남았다
–「습작」 전문

여기서 '습작'은 '시작詩作'의 은유적 겸사謙辭일 것이다. 시인은 중진重鎭이 되어서도 "한 줄에 골몰"하는 자신을 고백한다. 하지만 한 줄 한 줄 모아 거기에 혼을 불어넣고 있는 장인匠人의 모습은 '습작'이라는 말을 무색하게 한다. 자신이 선택한 한 줄에 밑줄을 긋고, 그 밑줄에 다시 걸려 있을지 모를 "헛말 몇 마디"를 털어냄으로써 시인의 조탁彫琢은 완성된다. 그런데 웬걸, 그렇게 어렵게 털어낸 순간, 그 한 줄은 흔적도 없이 바람에 다 날아가 버리지 않는가? 이 순환적 도로徒勞에서 시인은 "그날이 맨 그날인 밑줄만 남았다"고 하지만, 그 '밑줄'이야말로 '시'를 향한 한없는 적공積功이 아니었을까? 이처럼 시인은 "시는 늘 비정한 묵밭"(「백면서생白面書生」)일지라도 "저 푸른 항로가 / 정말 詩의 길이라면 / 사약인들 어떠랴"(「머구리 물질하듯」)라고 스스로를 다독이면서 "그리 쓰지도 많이 달지도 않은 / 아스라한 향기 같은 詩"(「미당 詩–미당 탄생 100주년에」)를 써간다. 그 결과 자신을 "무게도 없는 것을 무겁다고 믿는 / 나는 시의 청맹과니"(「푸념의 詩」)라고 고백하는 것이다. 이때 '시의 청맹과니'는 스스로 가 닿고 있는 '시인'의 다른 이름일 것이다.

嘉林이 보고 싶어 제물포 가는 길
노을은 황화산 끝자락
도래솔 뒤로 숨고
짭조름한 바닷바람 간간이
싱거운 내 입술 은근슬쩍 감치는데

가림은 소주 한잔 들자고
용현동 물텀벙집으로 날 이끌었네

서해 입 큰 아귀 텀벙,
쩔쩔 끓는 양은냄비 속에 뛰어들어
시원한 국물을 우려내는 사이
주거니 받거니 몇 순배 걸치니
우리도 낙낙해진 아귀餓鬼처럼,
금방 술텀벙이 되었네

비 오는 귀갓길도 건드렁
갈지자로

물웅덩일 밟고 오는 물텀벙 길이었네
—「물텀벙」 전문

여기서 시인이 제물포에 가서 보고 싶어 하는 분은 '시인 이가림'이다. 이가림 시인은 벌써 1년 반 전에 지병으로 별세하였다. 그 '嘉林이'와의 추억이 배어 있는 '용현동 물텀벙집'을 시인은 떠올린다. 황화산 끝자락 노을이 질 무렵, 물텀벙의 국물이 우려지는 사이에 어느덧 "낙낙해진 아귀처럼, / 금방 술텀벙"이 된 두 사람은, 그렇게 오래도록 시우詩友로서 살아왔던 것이다. 헤어져 돌아오는 비 오는 귀갓길에서 "건드렁 / 갈지자로 / 물웅덩일 밟고 오는 물텀벙 길"이야말로 이제는 '嘉林이' 없이 "짝 없는 희미한 잔별"(「잔별」)처럼 혼자 돌아오는 귀갓길같이 보인다. 하지만 그나 '嘉林이'나 "시인은 결국 시인이고 말"(「靑馬 추억」) 것이다. 그리고 그들은 지상에서도 천상에서도 '밑줄'을 긋고 있을 것이다.

서상만 시인은 전통적 서정 양식이라 할 수 있는 짧은 시를 이번 시집에 많이 담았다. 물론 이는 지난번 시집 『노을 밥상』(서정시학, 2016)에서 집중적으로 실험되고 완성된 것이다. 이번 시집에서는 그러한 지향을 충실하게 이으면서도, 언어의 탄력을 한층 강화함으로써 그 위의威儀를 더해가고 있다 할 것이다. 그것은 언어의 과잉을 경계하는 동시에 언어의 나머지를 여백으로 남기려는 의지에 의해 구현되어 간다. 물론 이러한 방법을 통해 서상만 시인이 정성스레 행하고 있는 고백과 기억의 저류底流에는 삶의 쓸쓸함과 외로움 그리고 대상들을 향한 한없는 그리움이 드리워져 있다. 이처럼 강렬한 고백과 기억을 통해 시인은 생의 길목마다 흩뿌려져 있던 깊은 내상內傷들과 조우하면서, 그 상처의 등가물들을 그리움의 힘으로 형상화하고 있는 것이다. 그 고전적 상상력을 길어 올리는 서정의 품과 격이 애잔하고 융융하고 깊다.

서상만

경북 호미곶 구만리에서 출생, 포항 및 대구에서 유년을 보냄.
성균관대학교 영문학과 수학, 고려대 경영대학원 수학.
1960-70년대 신문, 잡지에 독자 작품 발표.
1982년 《한국문학》 신인상 당선으로 공식 등단.
자유시집 『시간의 사금파리』 『그림자를 태우다』 『적소謫所』 『모래알로 울다』 『백동나비』 『분월포芬月浦』 『노을 밥상』 『사춘思春』 등, 동시집 『너, 정말 까불래?』 『꼬마 파도의 외출』 『할아버지, 자꾸자꾸 져줄게요』 등 출간.
월간문학상, 최계락문학상, 포항문학상 등 수상.
롯데제과 부산지사장, 한일제관(주) 이사, 롯데칠성음료(주) 이사 역임.
ssm4414@hanmail.net

사춘思春

초판 1쇄 2017년 5월 15일
지은이 서상만
펴낸이 김영재
펴낸곳 책만드는집

주소 서울 마포구 양화로3길 99 4층 (04022)
전화 3142-1585·6
팩스 336-8908
전자우편 chaekjip@naver.com
출판등록 1994년 1월 13일 제10-927호

ISBN 978-89-7944-613-5 (04810)
ISBN 978-89-7944-354-7 (세트)